R. P. T. BURKE, O. P.

PANÉGYRIQUE

DE SAINT

IGNACE,

Traduit

par le P. L. CARREZ,

GEMERT

NOTRE DAME DE L'ESPÉRANCE

1887

A.M.D.G.

PANÉGYRIQUE DE SAINT IGNACE

par le P. BURKE, *O.P.*

Et le Seigneur dit : « Cet homme est un vase d'élection que je me suis choisi pour aller porter mon nom devant les Gentils, devant les rois et devant les enfants d'Israël. Je lui montrerai combien il faudra qu'il souffre pour mon nom. » (Act., IX, 15, 16.)

Les trois conversions les plus illustres dont l'Eglise fasse mention sont celles de saint Paul, de saint Augustin et de saint Ignace de Loyola. Saul de Tarse était un persécuteur acharné de l'Eglise naissante de Jésus-Christ : Dieu en fit l'apôtre le plus intrépide, celui qui travailla plus que tous les autres. Augustin d'Hippone était le guide et la lumière des hérétiques Manichéens : Dieu en fit le plus grand docteur de l'Eglise, le père de la théologie catholique. Ignace de Loyola, qui fut toujours un fervent catholique, était un soldat brave entre tous les braves, plein de l'esprit chevaleresque mais tout entier aux idées mondaines de l'honneur et de la gloire terrestres : Dieu en fit le plus grand des saints défenseurs de l'Eglise dans les temps modernes. Soldat comme auparavant, il conserva en lui l'esprit martial, toujours invincible, mais revêtu d'une autre armure, l'armure de Dieu ; les reins ceints de la vérité ; la poitrine armée de la cuirasse de la justice ; les pieds chaussés pour prêcher au loin l'Evangile de la paix ; portant devant lui le bouclier de la foi pour repousser les traits enflammés de l'impiété ; la tête couverte du casque du salut et tenant dans sa vaillante main droite l'épée de l'esprit, qui est la parole de Dieu : voilà sous quels traits nous apercevons Ignace dans l'histoire de l'Eglise pendant les trois derniers siècles. Il se montre à nous tel qu'il fut sur les remparts ruinés de Pampelune, couvert de blessures, à la tête des combattants, l'armure toute brisée, mais toujours debout, inaccessible à la crainte, brandissant son épée dans la fumée du combat, tandis que sur son front immortel brille l'auréole de la victoire.

Il n'est point d'étude qui soit plus intéressante ni plus instructive que la vie des Saints. C'est là que nous trouvons une réponse vivante à la plus importante de toutes les questions, une solution des mystères de la vie qui ont avec nous un lien plus intime et nous touchent de plus près. C'est là que nous apprenons tout ce qu'il nous importe le plus de savoir; par quels moyens pratiques nous deviendrons capables de triompher dans la lutte contre nos ennemis spirituels; comment nous pourrons dompter nos passions, expier nos fautes, pratiquer les vertus, éviter les périls, sauver nos âmes. C'est là que nous apprenons à connaître les secrets de la conduite de Dieu envers l'homme et de la conduite de l'homme envers Dieu et envers ses semblables pour l'amour de Dieu; les raisons de nos succès et les causes de nos chutes; les moyens d'exercer de l'influence et la manière d'appliquer ces moyens; en un mot, tout ce qui est propre à nous donner la science de notre sainteté et de notre salut personnels en qualité de chrétiens. Toutefois, notre intérêt est décuplé, quand notre étude se porte sur un saint qui appartient à notre époque, sur un saint qui a été suscité précisément pour faire face aux besoins des temps où nous vivons, et donner à nos esprits la ligne qu'ils ont à suivre; sur un saint dont l'influence est la plus active et la plus vivante; dont le nom est sur toutes les lèvres pour y être aimé et béni avec passion, ou honni, haï et persécuté plus que ne l'ont été les autres hommes, qu'ils aient été des saints ou des pécheurs. Tel est saint Ignace de Loyola dont l'Eglise célèbre la fête en ce jour. O mes frères, consacrons quelques instants à contempler son étonnante carrière, si pleine de mystères, si lumineuse et si instructive.

Trois événements remarquables fermèrent le quinzième siècle: l'Amérique fut découverte en 1492; Martin Luther vit le jour en 1483, et en 1491 saint Ignace naquit au château de Loyola, dans le nord de l'Espagne. Le 16ᵉ siècle s'ouvrit au milieu des événements les plus importants dans l'histoire du monde depuis la chute de l'empire Romain. La découverte de Christophe Colomb suffisait à elle seule pour changer la face du monde; car elle ouvrait un monde nouveau et remplissait tous les esprits de rêves étranges, de pensées aventureuses et inquiètes. Mais un changement beaucoup plus considérable allait s'opérer, l'unité de l'Eglise de Dieu allait être rompue; son autorité allait être ébranlée et presque détruite par une hérésie, qui alors pour la première fois dans l'histoire mettait en question le pouvoir, l'autorité et le gouvernement de l'Eglise; sapait le principe même de la foi, en l'attribuant, non plus à son enseignement autorisé, mais au jugement privé des individus; en appelait d'un côté à l'orgueil intellectuel de l'homme, tandis que de l'autre elle lâchait la bride à ses passions, faisait disparaître les salutaires barrières des sacrements, abaissait le niveau de la vertu et de la perfection chrétienne et détruisait pour toujours l'idée d'une chrétienté unie par le lien d'une foi commune, sous la direction et l'autorité librement acceptées des Souverains Pontifes. Rois, peuples et gouvernements se séparèrent de l'Eglise, et, par une descente rapide, se dépouillèrent de leur esprit chrétien qui avait été jusqu'alors la base de tout gouvernement et de toute loi. Le génie du protestantisme consistait à dégager l'Etat de toute subordination à l'Eglise et à passer ensuite par degrés de la séparation et de l'indifférence à la spoliation et à la persécution de l'Eglise. L'idée moderne qui en est sortie se révolte à tout ce qui peut rappeler la pensée d'un royaume de Dieu; l'Eglise ne doit pas être reconnue, beaucoup moins protégée ou encouragée; ses revenus doivent être confisqués, ses sanctuaires violés, ses trésors pillés, ses écoles fermées, ses religieux bannis, ses évêques réduits au silence et déposés, son culte public proscrit, ses cérémonies tournées en dérision et travesties. Voilà la conséquence naturelle et nécessaire d'un système qui prétendait que le monde peut être gouverné sans Dieu, ou que Dieu n'a aucun représentant de sa vérité ou de son autorité sur la terre. Le protestantisme, de plus, se proposait la destruction de la vie religieuse en abolissant les vœux de religion, en déclarant que la pauvreté était de la paresse, la chasteté une impossibilité et une imposture, et l'obéissance une immoralité, il détruisit complètement et tout d'un coup l'idée de la perfection et mit un terme à cette forme de vie qui avait été si solennellement reconnue par l'Eglise et si universellement embrassée par ses enfants, je veux dire la vie du cloître, la vie de communauté par la pratique des règles et des observances monastiques.

C'est ainsi que le royaume de Dieu allait être détruit. L'Eglise, mise à l'écart, ne devait plus recevoir ni protection, ni secours, ni existence légale de la part de l'Etat; et elle devait être reconnaissante, si elle n'était pas l'objet d'une persécution acharnée; la religion ne devait plus avoir ni voix ni influence dans la législation ou le gouvernement; le culte extérieur et tout acte pouvant indiquer la croyance publique au christianisme devaient être interdits avec la dernière rigueur. Les hommes ne devaient plus avoir le droit de former des associations religieuses. Les âmes aspirant à la perfection devaient trouver leur chemin d'elles mêmes. Le cloître avec ses règles de vie religieuse ne devait plus exister. La vie de communauté avec ses secours d'exemples mutuels, avec les douces obligations des règles, avec ses consolations puisées dans la prière en commun, avec ses formes majestueuses de culte public, ses occupations paisibles et ses nobles études, ne devait plus être tolérée. Le Christianisme, comme aux premiers siècles avant la conversion de Constantin, devait être ramené aux actes d'individus qui le professent à leurs risques et périls ; mais, sous la forme d'Etat, il devait cesser de vivre. Tel était le système et l'esprit de cette époque moderne qui vit sa première aurore au commencement du 16e siècle. Essentiellement séculiers, essentiellement païens, les hommes qui embrassèrent et proclamèrent ces idées peuvent n'avoir pas prévu les conséquences de leurs actes ; mais nous, de nos jours, nous goûtons, dans leur maturité amère, les fruits de l'arbre fatal que planta Luther il y a plus de 300 ans. Ce fut en 1517 que le malheureux hérésiarque conçut d'abord ses erreurs ; et, en un instant, l'Allemagne tout entière et la plus grande partie de l'Europe furent plongées dans le trouble et le désordre. Dans les révolutions religieuses qui suivirent, les hommes embrassèrent leurs partis respectifs avec l'acharnement le plus odieux ; les rois, les Etats, les cités, les familles elles-mêmes se divisèrent et bientôt l'Europe tout entière fut baignée dans le sang versé dans cette lutte religieuse. C'est au milieu de cette confusion qu'Ignace atteignit l'âge viril et qu'il parut pour la première fois sur la scène en 1522 ; il avait alors

31 ans. Jusqu'ici, il avait vécu dans les cours des princes et dans les camps. D'abord page à la cour de Ferdinand V, puis brave et distingué dans les rangs de l'armée, renommé pour son courage et ses succès sur les champs de bataille, il reçut enfin une grave blessure qui faillit être mortelle lorsqu'il défendait, en 1521, la citadelle de Pampelune. La chute d'Ignace décida du sort de la journée; il fut emporté presque mourant dans les bras de ses ennemis, mais couvert de gloire. Le long repos qu'il fut forcé de prendre le replaça en face de lui-même, et pour passer les longues heures de sa convalescence, il se mit à lire les Vies des saints. Bientôt d'étranges et fortes pensées s'emparèrent de son esprit. Avec sa profonde et simple foi espagnole, il lut les grandes actions des illustres serviteurs de Dieu, et, comme tout ce qui sentait le héros remuait une fibre dans son cœur, il se connut un ardent désir d'égaler ou même de surpasser les plus hauts faits de ces saints. Le vide immense et la vanité du monde ainsi que des choses terrestres saisirent son esprit et son cœur avec une clarté et une force merveilleuses; et, revenant à ses Vies des saints, il se disait: « Ces hommes étaient de la même nature que moi, pourquoi ne pourrais-je pas faire ce qu'ils ont fait? » Après de nombreuses et violentes luttes contre la nature, qui était si puissante dans Ignace, la grâce divine finit par triompher en lui. Il commença à châtier son corps par diverses austérités ; il passa les nuits à prier et à pleurer ses péchés ; et, quelques jours après, pendant qu'il achevait de se guérir de ses blessures, il prit sa résolution définitive, et se consacra par vœu avec une grande ferveur au service de Dieu seul, sous la protection de la Reine du Ciel. Les puissances infernales semblent s'être alarmées à la vue de leur nouvel adversaire ; car, à peine Ignace eut-il achevé dans la prière son acte de consécration et son vœu, qu'un redoutable tremblement de terre ébranla toute la maison ; les fenêtres de sa chambre furent brisées et les épaisses murailles de Loyola se fendirent. Toutefois, la grande action était accomplie ; que l'enfer désormais se prépare au combat.

Il semblerait qu'Ignace, au début de sa carrière, n'eût pensé qu'à son âme ; il entreprit le travail de sa sanctification avec toute l'énergie de sa noble et chevaleresque nature aidée des plus hautes grâces divines. Il se dépouilla de ses riches vêtements, les donna à un pauvre mendiant à Montserrat, et, revêtu lui-même de la bure grossière du pèlerin qui vit de la charité publique, il se retira à Manrèze, après avoir suspendu son épée à un pilier, près de l'autel de Notre-Dame, dans l'église des Bénédictins de Montserrat. Et ce n'était là ni un simple abandon ni une simple fuite du monde de la part de notre saint. D'autres héros dont nous lisons la vie, se retirèrent aussi dans la solitude après avoir consacré aux armes une carrière glorieuse; mais ils s'éloignaient environnés de l'auréole de la victoire, et leur retraite rehaussait leur gloire. Il n'en était pas ainsi d'Ignace; il se retirait vaincu dans la bataille et estropié pour la vie. Toutes les ardeurs de ce brave et intrépide guerrier, toutes les sollicitations de ses amis, tous les appas des honneurs du monde lui criaient de remettre sa conversion à un autre temps où il aurait pu montrer, du moins une fois de plus, son courage et sa valeur sur les champs de bataille et se retirer ainsi couvert de gloire. Mais c'est ici que nous voyons la puissance merveilleuse de la grâce divine et la grande âme de notre saint. Qu'il était absolu son mépris pour les jugements du monde! Qu'il était profond ce changement, qui avait détruit et écrasé en lui l'esprit d'orgueil et de vanité mondaine, lorsqu'il suspendit cette épée qui lui avait déjà valu une si belle renommée, et qu'il se dirigea, pauvre, méprisé, déguenillé, boiteux et mendiant vers les grottes de Manrèse ! Ayant ainsi complètement sacrifié à son Dieu la partie supérieure de son être, son esprit et son cœur, il se mit alors à lui offrir en sacrifice et son corps et tout ce qu'il avait en lui de moins noble. Il commença à pratiquer les plus effrayantes austérités de la pénitence. Il jeûnait tous les jours au pain et à l'eau ; il se ceignait les reins d'une chaîne de fer qui pénétrait dans ses chairs et faisait de sa vie un vrai martyre ; trois fois le jour il soumettait son corps à une sanglante discipline ; il se retranchait presque tout sommeil ; le peu qu'il s'accordait, il le prenait sur la terre nue et humide ; il assistait chaque jour à tous les offices publics de l'Eglise et passait encore sept heures tous les jours en prières privées et en contemplations. Le reste de son temps, il le consacrait à servir les malades les plus repoussants et les plus abandonnés de l'hôpital de la ville. Parfois, il passait six ou même huit jours sans prendre de nourriture ; et ainsi, dans le jeûne, la prière, la pénitence et le travail, il mena à Manrèse une vie dont il disait plus tard, que si les saintes Ecritures venaient à être détruites, il puiserait encore la force de verser son sang pour la foi dans ce que Dieu lui avait révélé en cette ville. Il dit en outre au Père Laynès, quelques années après, qu'il avait plus appris à Manrèse que n'en pourraient lui enseigner tous les docteurs de toutes les écoles. Après avoir passé dix mois dans cette grotte, notre saint se sentit poussé par son amour et par sa grande piété envers notre divin Sauveur et sa sainte Humanité, à se rendre en Palestine pour y visiter les lieux témoins de sa vie mortelle. Il fit donc, en 1523, le pèlerinage de Jérusalem, où il fut inondé de la plus tendre dévotion, et revint débarquer à Venise à la fin de janvier 1524. Ce fut probablement pendant qu'il priait dans la ville sainte qu'il se fit un changement dans l'âme d'Ignace. En jetant les yeux sur les peuples des pays étrangers, il vit plus clairement les besoins de l'humanité et de l'Eglise ; par ses rapports avec de nombreuses classes de personnes, il reconnut qu'un esprit nouveau et étrange régnait dans le monde; que dans les esprits des hommes fermentaient des idées nouvelles; que l'ordre de choses ancien et admis jusqu'alors disparaissait rapidement; que les hommes ne se contenteraient plus d'une foi simple et d'une obéissance pleine de tendresse; en un mot, il vit que tout se transformerait sous l'action d'une crise violente. Elles furent fortes aussi, les pensées qui s'éveillèrent alors dans l'esprit du pieux pèlerin. Il sentit que Dieu demandait de lui beaucoup plus que sa propre sanctification; qu'il devait entrer dans le nouvel ordre de choses, s'emparer de son siècle et exercer sur lui une action puissante en vue des intérêts de Dieu. Il prit la résolution de restreindre ses mortifications, de porter un vêtement moins austère et de s'appliquer à l'étude, afin de se préparer au sacerdoce et à l'œuvre du salut des âmes par les travaux de l'apostolat.

N'allons pas, mes frères, nous imaginer qu'en cette occasion Ignace ait montré de l'inconstance ou de l'instabilité de caractère ; encore moins, qu'il ait senti quelque éloignement pour cette vie austère et pénitente qu'il avait embrassée et pratiquée à Manrèze avec tant de rigueur. Il était assurément toujours le même, il n'avait pas changé. Dès le premier moment de sa conversion il consacra sa vie à la plus grande gloire de Dieu : « *Ad majorem Dei gloriam.* » Et ce fut l'ardent désir de procurer cette plus grande gloire qui le poussa à prendre cette nouvelle résolution. Il n'était pas changé ; car sous son nouvel habit moins pauvre il portait encore la cruelle chaîne de fer et le rude cilice. Ses jeûnes et ses effrayantes disciplines continuaient. En tout ceci il n'y avait aucun changement ; il n'y avait de nouveau que le travail et l'humiliation de l'étude. C'était un vrai travail ; non qu'Ignace manquât d'habileté naturelle, non, il avait de grandes qualités et aptitudes d'esprit ; mais, d'une part, à cause de l'opposition du démon ; de l'autre, à cause de sa propre sainteté, il remarqua en commençant l'étude du latin, qu'il ne pouvait rien apprendre, car, à peine s'appliquait-il à son livre, que par la force de l'exercice et de l'habitude, il entrait dans une extase de prière et de céleste contemplation. Alors, l'ennemi de la nature humaine qui redoutait beaucoup cette nouvelle entreprise d'Ignace, se transformant en ange de lumière, venait lui suggérer les pensées suivantes : « Eh quoi ! es-tu décidé à abandonner les douceurs de la contemplation et de la prière et ton union intime avec Dieu pour t'adonner à l'étude des verbes latins et d'une vaine littérature ! ô Ignace, retourne à Manrèze, ses solitudes t'appellent et Jésus t'y attend. » Il était dur de résister à un tel plaidoyer et ce ne fut qu'après un long combat que le saint vint à bout de triompher de cet obstacle à ses études. Mais la plus grande gloire de Dieu l'exigeait ; c'en était assez pour Ignace. Et, en vérité, cet homme parvenu à l'âge avancé de 33 ans, assis au milieu de petits enfants sur les bancs d'une école publique, n'était-il pas aussi admirable que le pélerin au visage amaigri, prosterné sur les flancs du mont des Oliviers ou occupé du service à l'hôpital de Montserrat ? Ici, aucune vision ne le réjouit : son âme est fatiguée du bruit et du tumulte de ses petits compagnons, si prodigues de leurs rires à la vue de cet homme dans la force de l'âge, qui se tient debout au milieu d'eux et récite ses premières leçons simples et élémentaires. Il passa ainsi quatre années en Espagne et continua ses études aux universités d'Alcala et de Salamanque ; puis, au commencement de 1528, toujours dans un grand dénûment, vivant d'aumônes et très simplement vêtu, il vint à pied à Paris pour y finir ses études de philosophie et de théologie. Le pauvre étudiant espagnol qui, les yeux baissés, humble dans toute sa personne, le cœur enflammé de l'amour divin, ayant sans cesse sur les lèvres quelque prière, pénétrait dans la grande Université de Paris, ne se doutait guère des gloires qui l'y attendaient. L'Université de Paris allait devenir le berceau et comme la mère de la grande société dans laquelle Ignace allait vivre et mourir pour y ressusciter et y vivre à jamais.

Il n'eut pas plutôt franchi le seuil de l'Université qu'il répandit autour de lui, sans en avoir conscience, le doux parfum de sa sainteté, et qu'il y fit sentir cette mystérieuse influence qui le rendit aux yeux de bien des gens un problème et une énigme. Il en a été ainsi dès l'origine. Sa destinée était d'être d'abord considéré comme suspect ; puis, après la persécution et la souffrance, d'être déclaré innocent et reconnu comme un saint, et d'attirer ainsi à lui, durant ces épreuves, tous ceux qui aimaient Dieu ou qui le cherchaient. A Alcala, il opéra de merveilleuses conversions; mais, comme il était encore illettré et simple laïque, on ne put comprendre d'où lui venait une pareille influence, et les autorités ecclésiastiques le jetèrent en prison pendant quarante jours ; puis un décret public le déclara innocent et guidé par l'esprit de Dieu. A Salamanque, sa sainte vie et ses pieux discours attirèrent un grand nombre d'âmes à l'exercice des vertus, au repentir, à Dieu. Il fut de nouveau jeté en prison par le vicaire général ; mais après vingt-deux jours de détention, celui-ci le proclama un saint à l'abri de tout reproche. La même destinée l'attendait à Paris. Il n'est pas plus tôt entré à l'Université que les étudiants, attirés par la singulière douceur de sa sainte vie et de sa conversation, l'environnent en foule. Il leur parle de Dieu, leur enseigne les hautes méthodes d'oraison, les arrache aux divertissements bruyants et souvent coupables de l'Université, les amène aux pratiques de piété et à la fréquentation des sacrements. En même temps, ses maîtres étonnés, ne pouvant s'expliquer cette incroyable influence d'un étudiant sur ses condisciples, commencent à le regarder d'un mauvais œil ; ils le condamnent, comme un homme étrange et dangereux, à un châtiment cruel et très humiliant, à être publiquement fustigé dans la grande salle en présence de toute l'Université. Cependant, les douces et humbles explications d'Ignace, l'innocence et la sainteté de sa vie, la modestie et le recueillement de son maintien firent tant d'impression sur le supérieur du collège qu'il reconnut les dons de Dieu dans l'âme de son fidèle serviteur; et quand l'heure de son châtiment public fut arrivée, il conduisit Ignace au milieu de la salle et se prosternant à ses pieds, il le proclama publiquement un saint qui ne se proposait d'autre but que l'honneur et la gloire de Dieu. Ainsi haï des méchants, soupçonné et mal compris même par quelques gens de bien, aimé et respecté par tous ceux qui l'approchaient, Ignace poursuivit ses études à Paris, tandis que Dieu lui envoyait un à un les hommes dont les noms devaient rester immortels, comme ceux des fondateurs et des premiers membres de la Compagnie de Jésus. Ils se soumirent à lui lentement, mais sûrement. Aucun d'eux ne put résister à ce mot tant de fois répété : « Que sert à l'homme de gagner l'univers, s'il perd son âme ? Que pourra-t-il donner pour la recouvrer ? » C'est avec ces redoutables paroles sans cesse à la bouche qu'il abordait constamment dans ses conversations une jeunesse irréfléchie. Comme Monique avec Augustin, il ne leur laissait aucune trêve dans leurs frivolités. Le visage pâle, les yeux pleins de majesté bien que toujours mouillés de larmes et respirant l'affection, il venait au devant d'eux et leur répétant toujours la même question. Aussitôt qu'il avait pu amener l'un d'eux à la réflexion, il lui faisait suivre immédiatement la série de ces merveilleux exercices spirituels qu'il avait composés en Espagne à Manrèse et qui excitèrent une admiration universelle, quand ils furent pour la première fois publiés à Rome en 1548. C'est dans ces exercices que les grandes vérités de notre foi sont proposées sous une forme régulière et logique, et que les puissances de l'âme sont appliquées à les contempler avec la force et l'enchaînement d'une science exacte. C'est dans ces exercices que St Ignace se montre un maître parfait des vérités divines de la théologie mystique, comme il s'y révèle profond connaisseur des facultés de l'âme et des replis cachés du cœur. Les meilleurs et les plus brillants élèves de cette grande Université se rangèrent sous sa direction. Pierre Le Fèvre, François Xavier, Jacques Laynez, Alphonse Salmeron, Nicolas Bobadilla, Simon Rodriguez, tels sont les noms illustres de ces hommes non moins fameux dans l'Église par leur sainteté que dans l'histoire du monde par leurs grandes et merveilleuses actions. Ils trouvèrent l'immortalité en trouvant Ignace, ce génie supérieur, qui sut diriger leurs beaux talents vers la fin la plus haute et de la manière la plus parfaite. Une grande idée s'était emparée de son esprit et y mûrissait lentement ; c'était l'idée d'un ordre religieux. Mais quoi ! fonder un ordre religieux au 16e siècle, juste au moment où le monde avait déclaré la guerre aux principes mêmes de tous les ordres religieux? Bâtir de nouveaux cloîtres à l'époque même où les anciens étaient condamnés à périr malgré leur glorieuse histoire et leurs antiques traditions? Arracher les hommes au monde à l'heure même où le monde étendait au loin son domaine matériel et son horizon intellectuel, au moment où plus que jamais les hommes étaient nécessaires pour conquérir et peupler les continents nouveaux qu'on venait de découvrir? Au moment où les trésors de la civilisation classique et païenne étaient pour la première fois livrés au public par la découverte de l'imprimerie; alors que les connaissances humaines et une philosophie nouvelle reprenaient tout leur éclat aux applaudissements de l'univers? Quelle pensée étrange, que celle de vouloir fonder une nouvelle association religieuse, quand l'esprit du siècle s'élevait contre toutes les sociétés religieuses! Assurément, si jamais il y eut une époque où l'idée d'un ordre religieux sembla déplacée, et peu en harmonie avec le siècle, son esprit et ses besoins, cette époque fut le commencement du 16ᵉ siècle. Et cependant, c'était précisément alors qu'Ignace traçait les règles et le gouvernement, formait l'esprit et jetait les fondations d'une Compagnie, dont l'histoire n'est pas moins fameuse dans les ouvrages de ses amis que dans ceux de ses ennemis.

Le nouvel ordre devait être aussi étonnant et aussi plein d'originalité que l'époque où il naquit. Jusqu'ici l'idée même d'une vie religieuse comportait une séparation presque complète du monde; un code de règles prescrivant de longs jeûnes et d'autres austérités qu'on devait pratiquer en commun et devant la communauté tout entière; un costume à part, exprimant en quelque manière une idée religieuse et dont le tissu semblait une protestation muette contre la pompe et les vanités du monde; le chœur et la récitation solennelle de l'office divin; un cours d'études consacré aux seuls sujets religieux, et une vie de communauté qui faisait rentrer l'homme en lui-même, façonnait toutes ses habitudes, lui permettait rarement de quitter le cloître, fortifiait ses vertus, corrigeait ses défauts et l'entourait de tous les secours et de toutes les consolations de la vie en commun et du bon exemple. Telle était la seule idée que l'on se faisait au 16e siècle de la vie religieuse. Et même les ordres les plus adonnés aux travaux apostoliques admettaient pourtant la vie monastique solitaire et contemplative comme le premier et le plus indispensable élément de leur existence, et ainsi que nous l'avons vu, c'était contre cette vie que le mauvais esprit de l'époque s'était soulevé. Ignace, au grand étonnement de tous, amis et ennemis, fonde sa Compagnie sans l'astreindre à aucune de ces pratiques. Les membres de son institut ne devaient pas vivre isolés des autres hommes, mais aller dans les villes et les universités, et fréquenter en liberté toutes les classes de la société. Pas de longs jeûnes, ni d'austérités communes, hors celles que prescrit l'Église. Pas d'habit particulier; les membres de l'ordre porteront le vêtement ecclésiastique du pays où ils vivront. Ils n'auront pas l'office du chœur et ne réciteront ensemble en communauté que de très courtes prières. Leurs études embrasseront tous les éléments des sciences divines et humaines avec une intensité et une ardeur qui devra faire du Jésuite non seulement un profond théologien, mais en toutes matières le plus grand savant et le meilleur maître du jour. Ainsi la plupart des secours, qu'offre la vie commune, lui sont refusés et rien n'est plus remarquable dans l'histoire de ces religieux, que l'indépendance et l'isolement étrange dans lequel beaucoup de leurs plus grands hommes ont vécu et ont accompli leurs plus grands travaux.

Est-ce à dire pour cela que le saint méconnut les éléments essentiels à toute vie religieuse ? Le vit-on comme les prétendus réformateurs qui troublaient le monde autour de lui, relâcher les liens de la discipline, abolir le jeûne et l'austérité de la pénitence chrétienne, proscrire la prière, en un mot, faire descendre la vie religieuse et ascétique au niveau d'un ordinaire christianisme ? Une aussi étrange transformation, mes frères, était bien loin des intentions et de la pensée de St Ignace. Nul ne professait une vénération plus grande pour l'ancienne vie monastique et pour son esprit, comme aussi nul n'en posséda mieux le génie au fond de son âme; nous voyons ici quelle est la pensée de ce grand homme. Il voit un siècle plein d'amertume et d'hostilité contre la vie de communauté religieuse, un siècle qui veut rendre cette vie chaque jour plus difficile, impossible même ; alors ce grand saint se saisit de l'individu; par une merveilleuse méthode d'éducation spirituelle, il développe en lui toutes les vertus du cloître; un esprit de détachement entier du monde, bien qu'il vive au milieu du monde; l'esprit de la plus stricte pauvreté, bien qu'il paraisse entouré du bien-être; un esprit de prière continuelle au milieu des devoirs les plus distrayants; et par dessus tout, un esprit de mort à soi-même par une parfaite abnégation intérieure et une obéissance absolue de jugement et de volonté. Etudiez l'histoire de la fondation de sa Compagnie et vous y verrez avec quelle plénitude et quel merveilleux bonheur il a su réaliser sa pensée. Les origines de tous les grands Ordres dans l'Église ont eu pour caractère, une abondante effusion de l'esprit de Dieu, leur communiquant les grâces qui font les saints. Qu'elle est belle et éclatante l'histoire de St François et de ses compagnons, fondateurs du grand Ordre des Frères Mineurs! Qu'elle est belle l'histoire de St Dominique et des premiers Dominicains, fondateurs de l'ordre des Frères Prêcheurs, et de même celle des autres Ordres! Nous trouvons autour d'un grand et saint patriarche un groupe d'âmes héroïques, animées de son esprit, et qui brillent du même caractère de sainteté que leur Père. Elles portent en elles la forte empreinte de leur illustre fondateur. Elles semblent être autant d'autres lui-même; c'est ainsi que le génie du saint fondateur est transmis à ses enfants et que s'établissent les traditions qui font le caractère spécial de chaque ordre particulier dans l'Eglise. *Et Elisée se revêtit du manteau qu'Elie avait laissé tomber de ses épaules* (**4 REG**. II. 13). C'est ainsi, mes frères, que nous trouvons autour du bienheureux Ignace un groupe, composé des hommes les plus illustres par l'étendue de leur intelligence, amenés par ce grand saint, grâce à une formation merveilleusement courte dans sa durée, au niveau admirable de sa propre sainteté. Elles furent nombreuses, les gloires de la grande Université de Paris; mais jamais, depuis les jours où Albert de Cologne occupait la chaire de philosophie et comptait Thomas d'Aquin parmi ses auditeurs, jamais elle n'avait vu dans ses salles une réunion de savants et de saints aussi brillante que celle qui le 15 août 1534 entourait St Ignace, sur la colline de Montmartre, et, comme lui, se consacrait au service de Dieu et des hommes. Ils n'avaient été que quelque temps à l'école du grand saint, mais Ignace les avait dirigés dans les voies et les pratiques de la vie intérieure la plus élevée. Il avait anéanti en eux tout ce qui tenait à l'amour-propre: orgueil de l'esprit, désirs de l'ambition, élans de la colère, faiblesses de la sensualité, amour des aises et du plaisir, en un mot, tout ce qui constitue l'homme purement naturel ou le pécheur; tout cela avait péri en eux sous les austérités de la pénitence, et grâce aux sublimes leçons qu'ils puisaient dans les exemples et la parole d'Ignace, dans son influence presque miraculeuse et dans ses enseignements spirituels. Ils étaient en vérité comme des hommes morts au monde, et leur vie était cachée en Dieu avec Jésus-Christ. Morts à eux-mêmes, ils vivaient d'une vie plus haute et plus noble, qui les changeait en d'autres Jésus-Christ; et c'est par une sollicitude pleine de tendresse et incessante que leur illustre père avait opéré en eux cette céleste transformation.

Ignace pouvait donc leur dire en toute justice et vérité ce que l'apôtre disait à ses premiers disciples : «Mes petits enfants, que je continue sans cesse d'engendrer, jusqu'à ce que Jésus-Christ soit formé en vous». Car cette formation du Christ par les soins d'Ignace fut si complète dans les premiers fondateurs de la Compagnie que le saint fut accusé, comme ses fils le sont encore parfois aujourd'hui, de détruire dans l'homme l'individualité ou la personnalité, pour faire de lui un Jésuite. Mais si nous voulons constater la fausseté et le sophisme de cette accusation, nous n'avons qu'à nous demander ce qui constitue chez nous cette individualité. Est-ce l'ensemble des appétits vulgaires, des passions communes à tous, et qui forment la partie basse et inférieure de notre nature? Ou bien ne sont-ce pas plutôt ces qualités personnelles et distinctives de l'esprit, de la volonté et du caractère, qui nous distinguent les uns des autres, qui nous sont spécialement propres, qui sont pour ainsi dire nous-mêmes. Dégager l'homme de tout ce qu'il a de bas, lui donner un pouvoir absolu sur ses sens et ses appétits, élever son esprit aux plus hautes pensées, remplir son cœur des plus pures aspirations, assujétir sa volonté aux raisons et aux desseins les plus nobles: certes ce n'est pas là détruire son caractère individuel, sa personnalité, c'est au contraire le développer et l'ennoblir. Et si, au cours de ce développement et de cette élévation, un certain nombre d'hommes prennent pour modèle un type des plus belles vertus et viennent ainsi à se ressembler, par suite de leur commune ressemblance avec leur type ou idéal, c'est là, non point détruire cette individualité sacrée qui doit être respectée en nous, mais bien plutôt donner une direction à toutes ses énergies, et la façonner à toutes les œuvres les plus belles et les plus sublimes. C'est ce que savait fort bien saint Ignace; et tandis qu'il anéantissait dans ses enfants tout ce qu'il y avait de bas et d'imparfait, en imprimant sur chacun d'eux le sceau distinctif et la forme du Jésuite, il respectait avec un extrême soin, il cultivait avec mille égards le caractère particulier et les qualités de chaque individu, si bien qu'aucun ordre religieux n'offre ni tant de franchise et de diversité dans le caractère personnel, ni plus de sagesse dans l'application et le développement des facultés naturelles, que la Compagnie de Jésus. Les caractères les plus divers furent placés par lui dans les sentiers les plus opposés de la vie et du devoir. Nous voyons les uns, ensevelis dans les bibliothèques, passer de longues années dans le silence occupés d'études pénibles et laborieuses; d'autres fréquenter les grandes écoles et les universités de l'Europe; quelques uns de leurs frères se rendre aux extrémités du monde, découvrir de nouveaux royaumes, parler des langues bizarres, civiliser et évangéliser à la fois des peuples inconnus; d'autres encore, comme le bienheureux Pierre Claver à Carthagène, passer leur vie dans les prisons avec les pauvres esclaves, ou parcourir les forêts avec les Indiens qu'on persécute, et qui s'attachent à eux pour protéger leur vie ; c'est ainsi que chacun d'eux, suivant le sentier que lui ont tracé le devoir et l'obéissance, exerce librement ses qualités naturelles et ses ressources; mais tous ensemble consacrent leur laborieuse existence à la seule gloire de Dieu ; tous meurent chaque jour à toutes les formes de l'amour propre par la mortification intérieure et extérieure; tous sont prêts à chaque instant à s'immoler pour Dieu et pour son Eglise. A Montmartre, ils avaient simplement fait vœu de renoncer au monde, et d'aller à la fin de leurs études prêcher l'Evangile ou remplir tout autre ministère que le Vicaire de Jésus-Christ, le Souverain Pontife jugerait bon de leur assigner. Trois ans plus tard leurs études étaient terminées; et Ignace avec ses neuf compagnons partit pour Rome; ceux d'entre eux qui n'avaient pas encore reçu la prêtrise la reçurent à Venise. Ignace lui-même était de ces derniers, et après son ordination, il consacra douze mois entiers à se préparer à sa première messe. Ce que fut cette préparation, c'est le secret de Dieu et de son fidèle serviteur. Tout ce que nous savons, c'est qu'Ignace passa ce temps avec Dieu dans une retraite presque absolue, dans une prière et une contemplation continuelle, dans un redoublement d'austérités, dans des jeûnes, des disciplines et dans une telle abondance de larmes que ses disciples craignirent qu'il ne perdît la vue. Le jour de Noël 1537, Ignace, alors âgé de quarante six ans, célébra sa première messe, et peu après se rendit à Rome avec Pierre Le Fèvre et Jacques Laynez, pour obtenir que le St siège bénît et approuvât leur congrégation et ses travaux. Les difficultés, qui se pressent toujours sous les pas des fondateurs d'ordres, parurent redoubler à leur occasion, à raison même du temps et des circonstances, et ce fut, pleins d'anxiétés et d'angoisses, que nos trois serviteurs de Dieu se mirent en route. Leurs craintes pourtant furent bientôt dissipées. Près de Rome, Ignace, étant entré dans une petite chapelle érigée sur le bord de la route, se mit, selon sa coutume, à prier avec ferveur et à exposer au Seigneur ses espérances et ses craintes. Bientôt il fut ravi en extase, il aperçut Jésus-Christ Notre Seigneur, étincelant de gloire, mais chargé d'une pesante croix. Tandis que le saint, transporté par cette vision, exhalait son âme en élans d'amour, d'adoration, d'attrait pour la croix, le Fils de Dieu répondant à sa prière, lui dit: IGNATI, EGO VOBIS ROMÆ PROPITIUS ERO — « *Ignace, je vous serai favorable à Rome.* » Le saint encore tout transporté découvrit à ses compagnons la divine promesse, et la parole de Notre Seigneur devint un adage de famille dans la Compagnie de Jésus. Rome a bien rempli la divine et prophétique promesse, et Ignace a bien mérité du Saint Siège apostolique.

Le saint et ses compagnons furent favorablement accueillis par le Souverain Pontife. Le 25 septembre 1540, Paul III approuvait solennellement l'institut sous le titre de Compagnie de

Jésus. Saint Ignace élu premier général de l'ordre qu'il avait fondé, le gouverna jusqu'à sa mort arrivée en 1556. Durant les seize dernières années de sa vie, toutes pleines de labeurs et de sollicitudes, Ignace prit encore un rapide essor et fit de continuels progrès en tout genre de sainteté. Sa compagnie se développait avec une merveilleuse rapidité. Le nom de Xavier était déjà fameux en Europe; et toutefois sa renommée n'était qu'un écho lointain de celle qu'il avait aux Indes. Les membres de la nouvelle société se propageaient en Orient et faisaient entrer les vieilles nations de l'Inde dans le sein de l'Eglise. Déjà ils avaient abordé dans l'Amérique du Sud, et créé non seulement des églises chrétiennes, mais même des peuples. Leurs professeurs avaient pris possession du grand collège de Goa aux Indes, tandis qu'en Europe ils avaient ouvert leurs célèbres établissements de Gandie, de Coïmbre, et le collège romain où le saint Fondateur lui-même dirigeait les études, tout en maintenant l'esprit et l'action de son Institut déjà répandu en tant de pays divers. Voilà les œuvres, et nous ne les rappelons pas toutes, qui s'accomplissaient sous la conduite du saint, et c'est avec une sagesse et un génie consommés qu'il menait à bonne fin ces importants travaux. Au milieu de toutes ces occupations grandissait à chaque instant son admirable sainteté. Il se livrait de plus en plus à la prière et semblait comme absorbé en Dieu; il redoublait ses austérités et recherchait par humilité les offices les plus humbles et les plus pénibles; chaque jour enfin montrait en lui et de nouvelles vertus et de nouvelles grâces. Les papes Paul III, Jules III, Paul IV et Marcel II surtout, l'honoraient de leur confiance, et dans toutes les affaires importantes de l'Eglise, voulaient profiter de ses sages conseils. St Charles Borromée a déclaré publiquement que c'est dans les exercices spirituels de St Ignace qu'il avait puisé ses premières idées et ses premières aspirations vers la sainteté. St Philippe de Néri attribuait aux leçons de ce grand saint sa connaissance et son amour de l'oraison contemplative. Les contemporains d'Ignace attestent que par suite de ses continuels entretiens avec Dieu, son visage devint tout lumineux, comme jadis celui de Moïse; et Pétronius, célèbre médecin de Rome, déclara que quand le saint entrait dans la chambre d'un malade, la chambre se remplissait aussitôt d'une lumière éblouissante qui s'échappait de sa personne. St François Xavier fit usage de la signature d'Ignace pour opérer des miracles surprenants; il lui attribuait d'ailleurs tout ce qu'il avait acquis de grâces et de sainteté, et dans sa dernière lettre il s'exprimait ainsi: A *Saint* Ignace, mon Père dans le Christ. Le temps me manquerait si je voulais indiquer et mieux encore dépeindre la vie merveilleuse, les travaux, les vertus du grand serviteur de Dieu pendant les seize années qu'il gouverna son ordre. Miné par ses austérités et à bout de forces, épuisé, consumé par ses continuels labeurs, souvent privé de tous secours humains, il était toujours soutenu par sa grande âme, dans les pas de géant qu'il faisait, sur le chemin ardu de la plus haute sainteté. Brûlant du zèle des âmes, il se dépensait au service du prochain. La douceur et la générosité de cette âme nous est révélée dans sa manière de diriger les autres. A l'un de ses religieux tenté de sortir de son ordre, il disait: «Une partie de votre pénitence sera de ne jamais plus vous repentir d'avoir servi Dieu; pour l'autre part, je la prends sur moi, et je l'acquitterai pour vous.» Cette douceur qui le poussait à se charger de satisfaire pour autrui, nous pouvons en être bien sûrs, il l'oubliait à son égard, quand il s'agissait d'acquitter la dette ainsi contractée. Mûr pour le Ciel, il rendit son âme à Dieu le 31 juillet 1556, et fut en 1622 canonisé par Grégoire XV.

Et maintenant, mes Frères, si St Ignace n'eût été qu'un homme ou même un saint ordinaire, il ne nous resterait plus rien à dire sur lui. Il a noblement rempli la fin de la création et sauvé son âme. Mais le fondateur d'un ordre religieux n'est ni un homme ni un saint ordinaire. Il ne meurt pas. Quand le soleil se couche au Ciel d'occident, il ne nous quitte point pour cela; car la lune, et des myriades d'astres s'illuminent de ses feux, les réfléchissent sur la terre et procurent à la nuit son éclat et ses charmes. Ainsi le grand saint s'est endormi dans l'éternel repos, et pourtant sa lumière ne s'est point éteinte. Ses fils l'ont réfléchie par milliers; ils ont répandu son éclat et son esprit dans des contrées dont le nom même lui avait toujours été inconnu. Non, Ignace n'est pas mort. Il vit et vivra tant qu'il restera un seul Jésuite pour travailler et souffrir sur cette terre. Mais quel legs le saint a-t-il laissé à ses enfants? Outre l'éclat de ses exemples et son esprit, il leur a laissé un autre héritage, héritage bien étrange en vérité. Cet héritage qu'il avait obtenu de Dieu par de continuelles et ferventes prières, le voici: écrivant au Père Ribadeneira, St Ignace lui dit: «Pendant ma méditation, Notre Seigneur a daigné m'apparaître et m'assurer lui-même que, selon que je l'en avais très instamment supplié, la Compagnie ne cesserait point tant qu'elle existerait de participer au précieux héritage de sa passion, par le moyen des contradictions et des persécutions. » Tel était donc le grand legs du saint à ses enfants — la croix — la dure, pesante, et amère croix : non pas seulement pour être le sujet de leurs pieuses méditations et de leur constante compassion, mais pour peser sur leurs épaules comme un fardeau qu'il faut porter avec effort et avec peine ; la vraie croix de Celui dont ils portaient déjà le nom adorable, la croix avec les hurlements de la persécution, la croix portée au milieu des moqueries des méchants, du mépris des sages, des basses accusations des faux témoins, au milieu des doutes des chrétiens faibles dans la foi, des soupçons des mondains, de la folle joie des impies, parfois même de l'étrange opposition de ceux qui servent Dieu dans la même grande cause. Mais si Ignace se survit, sa vie doit se prouver par l'action; car la vie est mesurée par l'action. Eh ! mes frères, voyez par quels nobles bienfaits Ignace a forcé le monde à constater malgré lui sa vitalité! Les Indes et le Japon l'ont vu dans François-Xavier, et les âmes, par centaines de mille, y ont reçu de ses lèvres et de sa main les lumières de la foi et la grâce du Baptême. La Chine a entendu sa voix par la bouche de l'immortel Ricci et a vu les mille genres de torture et de mort qu'Ignace savait endurer pour Dieu. Les déserts de l'Amérique du sud ont été transformés par lui en États prospères et sous sa main les rudes enfants des forêts du Paraguay sont devenus une nation vertueuse et civilisée. Le sombre continent d'Afrique a été illuminé par lui, en la personne d'Oviedo. Les sauvages habitants des rives du Mississipi l'ont entendu entonner les chants de la foi sur les cours du *père des eaux*. Il a été le principal conseiller et le théologien du Saint-Siège au concile de Trente ; car Laynez et Salmeron y tenaient sa place. C'est lui qui par le bienheureux Canisius a triomphé en Allemagne, dans les controverses avec les hérétiques luthériens ; c'est lui qui, en Angleterre, a priè plein de joie dans les prisons d'Elisabeth, et qui est mort des centaines de fois dans chacun de ses héroïques enfants.

Mais, mes Frères, pourquoi louer moi-même Ignace et son ordre, quand cet éloge dans ma bouche peut être taxé d'exagération en raison même du grand amour et de l'admiration que je leur ai voués? Laissons parler les ennemis d'Ignace et de l'Eglise catholique. Le témoignage involontaire, qui leur est arraché, n'en aura que plus de force pour nous persuader. Un des meilleurs écrivains de notre temps, d'ailleurs ennemi acharné de l'Église catholique, a écrit : « Trois siècles après Innocent III, la papauté, exposée à des dangers plus redoutables que jamais, fut sauvée par un nouvel ordre religieux, animé d'un immense enthousiasme et organisé avec une habileté supérieure. Lorsque les Jésuites entrèrent en lice, ils trouvèrent la Papauté dans un péril extrême, mais à partir de ce moment les chances de la lutte se trouvèrent changées»(1). C'est là sans doute, un langage qu'aucun catholique ne saurait tenir. Aucun ordre, aucun individu, dans l'Eglise n'est nécessaire au salut du Saint-Siège. Le Pape et la Papauté vivent et vivront aussi longtemps que durera le monde, en vertu de la divine promesse du Fils de Dieu. La Papauté n'a pas à recourir à la main libératrice d'un homme, ni à celle d'aucune association d'hommes, puisqu'elle est soutenue par la main droite de Jésus-Christ. Mais l'assertion téméraire de l'illustre historien que nous venons de citer prouve combien ont été grands les services qu'Ignace a été appelé à rendre à l'Eglise de Dieu et au Saint-Siège. Le même écrivain est plus dans le vrai lorsqu'il constate que l'ordre, avant sa centième année d'existence, avait rempli le monde entier de monuments qui attestent les grandes choses qu'il avait exécutées et souffertes pour la foi — (2). Mais, mes Frères, toutes ces grandes actions depuis les premiers

1. Macaulay, *Histoire de l'Anglet.*, *T. III*.
2. Id. *Ibid.*

jours de la Compagnie jusqu'à l'heure présente ont été accomplies au milieu des calomnies et et des persécutions. Le même auteur cité plus haut nous dit que les Jésuites « relâchaient les lois de l'Eglise pour se plier au caractère du siècle», qu'ils fermaient les yeux sur les vices des grands et publiaient des « doctrines consolantes pour les pécheurs de toute classe». Pour nous, enfants de l'Eglise et au courant de ses lois, nous nous indignons d'une pareille accusation ; mais nous n'avons qu'à continuer de lire et quelques pages plus loin nous voyons l'historien se réfuter lui-même avec une charmante naïveté. Lorsque sous le règne de Jacques II qui était catholique, certaines personnes influentes, flattant les faiblesses et les passions du roi pour le dominer, le faisaient ainsi tomber dans le péché, lorsqu'elles s'efforçaient de l'y retenir par les plus odieux moyens, les Jésuites, dit l'écrivain déjà cité,« ces hommes qu'il était de mode de prendre comme les plus dangereux des guides spirituels, comme des sophistes qui prétendaient épurer tout le système de la morale évangélique, comme des sycophantes qui devaient leur influence principale à l'indulgence avec laquelle ils traitaient les fautes des grands, les Jésuites avaient rappelé le roi de sa vie coupable par des reproches aussi sévères et aussi hardis que ceux que Nathan fit entendre à David, et St Jean Baptiste à Hérode.» Je n'ai pas besoin de dire que si les accusations rapportées plus haut étaient vraies, Jacques II aurait sans peine répondu aux reproches des Jésuites en citant à leur charge leurs propres doctrines. Ce seul exemple nous donne une idée exacte des principes généraux que l'on suit, lorsqu'on fait la guerre aux Jésuites. La plupart du temps, nous n'avons pas à chercher ailleurs que chez leurs accusateurs eux-mêmes pour en trouver la réfutation. L'écrivain lance contre eux un arrêt général de condamnation, qui embrasse tout. Les vagues accusations ainsi mises en avant ne sont jamais établies par des faits particuliers; jamais on n'essaye de prouver cette assertion. Mais si vous en venez aux endroits où le même écrivain vient à décrire la méthode d'enseignement et les actes des Jésuites dans les cas particuliers; en d'autres termes, quand il donne, des faits, vous trouverez toujours que cet enseignement, ces actes, sont si justes, si légitimes, si irréprochables, qu'ils réfutent en toute manière l'arrêt déjà prononcé. La promesse de Notre-Seigneur à St Ignace s'est accomplie. La Compagnie a vécu et travaillé au milieu d'un déluge d'hostilités. Dans la France seule, son histoire nous montre les Jésuites en butte à une continuelle persécution;

suscitée par l'Université, continuée par le parlement, soutenue par les Jansénistes, elle est encore reprise par le gouvernement, et de nos jours mêmes, le pouvoir qui régit la France, dans l'oubli de toutes choses, n'a point toutefois manqué de se souvenir des traditions de haine et de persécution contre la Compagnie de Jésus. Au reste, mes Frères, il ne faut point vous en étonner. St Ignace a donné à ses enfants un « nom nouveau » et il savait bien ce qu'impliquait ce nom : nom de puissance, qui, prononcé, fait victorieusement fléchir le genou aux princes de l'enfer; nom d'une vertu et d'une consolation infinie; seul nom par lequel il est donné à l'homme d'être sauvé. Mais aussi nom qui sera toujours contredit sur la terre, et qui doit attirer à ceux qui le portent les épreuves et la persécution. Ignace avait lu et mûrement pesé les paroles divines de Celui qui porte ce nom adorable : *« souvenez-vous de la parole que je vous ai dite: le serviteur n'est pas plus grand que son maître. S'ils m'ont persécuté, ils vous persécuteront aussi. ... Mais ils vous feront tous ces mauvais traitements à cause de mon nom.* (1) Aussi lorsque le pieux guerrier inscrivait sur son bouclier le nom de Jésus, il savait bien que ce bouclier aurait à repousser les premières et les plus furieuses attaques des

1. *St Jean, XV,20.*

ennemis de Dieu, combinées ensemble. Quand il donnait ce nom adorable à ses enfants et les appelait Compagnons de Jésus, il savait bien que ce nom même qu'il leur donnait attirerait toujours sur eux les plus terribles coups des persécuteurs; car il avait entendu ces paroles de Notre Seigneur: « vous serez bienheureux, quand les hommes vous haïront, vous repousseront loin d'eux et vous accableront d'injures; quand ils rejetteront votre nom comme un nom odieux, à cause du Fils de l'Homme »(*St. Luc, 6*). Mais au milieu de toutes leurs souffrances et de leurs épreuves, les paroles adressées à leur bienheureux Père venaient les consoler :« Je vous serai favorable à Rome.» Expulsés, bannis, persécutés, mis à mort, ils trouvèrent toujours leur force, leur espoir et leur consolation dans la ferme justice, dans l'amour et la protection du Saint-Siège.

En 1758, Charles Rezzonico prit possession de la chaire de St Pierre sous le nom de Clément XIII. Pendant son pontificat les Jésuites furent bannis du Portugal, de la France, de l'Espagne et de Naples; mais tandis que les puissances de la terre et de l'enfer se déchaînaient contre eux, le Souverain Pontife, en promulguant la fameuse bulle *Apostolicum*, déclara qu'Ignace était encore alors comme autrefois, un vrai et fidèle serviteur de Dieu et de son Eglise, et que ses enfants étaient toujours dignes de leur illustre Père. Il y eut pourtant alors une heure où il sembla que Notre Seigneur eût oublié un moment sa divine promesse : « *Je vous serai favorable à Rome.* » En 1773, telle fut la pression exercée sur le Saint-Siège, que le Pape Clément XIV rendit un décret qui supprimait la Compagnie de Jésus. Il protesta solennellement que ce n'était pas en punition de crimes ou de fautes, mais afin de prévenir de plus grands maux, le schisme, l'hérésie, la persécution universelle de l'Eglise. Ce fut d'une main tremblante et attristée, les yeux baignés de pleurs, qu'il mit sa signature à ce fatal décret. Depuis lors, on ne le vit plus sourire ; et le court intervalle d'une année ne s'était pas encore écoulé, lorsqu'il mourut, le cœur accablé de douleur. Ignace courba la tête ; il expira sans proférer un murmure. Pendant deux siècles, toutes les puissances combinées de la terre et de l'enfer avaient en vain lutté pour l'anéantir, il avait su en triompher. Il n'y avait qu'une main, qu'une voix capable d'atteindre ce résultat ; et maintenant cette main s'est levée, cette voix a parlé, et les Jésuites ne sont plus.

Il ne nous convient sans doute pas de rechercher quels ont pu être les motifs et les causes de ce grand acte. Peut-être Dieu a-t-il voulu montrer qu'aucun ordre, aucune société quelque grande qu'elle soit, n'est nécessaire à son Eglise. Mais nous pouvons trouver une raison plus haute même que celle-ci. Ignace avait enseigné à ses enfants, qu'ils pouvaient bien se laisser surpasser par d'autres ordres en jeûnes et autres austérités; mais qu'aucun d'eux ne devait les surpasser en obéissance. L'obéissance qu'il leur demandait, c'était la plus parfaite: elle a été la source de la sainteté extraordinaire à laquelle sont parvenus un si grand nombre de ses enfants; elle a été le secret de la merveilleuse force et des succès de la Compagnie. Il convenait donc qu'un institut qui prescrivait à ses membres, d'aimer et de pratiquer cette vertu à un si haut degré, donnât aussi en tant que corps un exemple d'obéissance héroïque. Le plus éloquent témoignage qu'on puisse donner à une vertu, c'est la mort. St Paul exaltant en Notre-Seigneur cette obéissance qui a sauvé le monde, nous dit «qu'*Il a été obéissant jusqu'à la mort;*» de même, en entendant cette voix qui seule pouvait lui commander d'obéir, Ignace et son illustre Compagnie acceptèrent la mort sans opposer aucune résistance. O grande et héroïque mort, la plus grande de toutes les grandeurs d'Ignace! Alors les ennemis de l'Eglise chantèrent leur hymne de victoire. Les grandes missions des Jésuites en Afrique et dans le sud de l'Amérique languirent et disparurent à peu près. Les florissantes réductions du Paraguay retombèrent dans la barbarie et le pays redevint une fois de plus une solitude. — Ce n'est pas le Catholique seul qui s'en afflige: Quiconque aime le genre humain, son bonheur et ses progrès, doit pleurer sur les ruines et la désolation que produisit chez les pauvres et misérables tribus de ces continents lointains l'expulsion et la persécution des Jésuites. En même temps, en Europe, on eût dit que l'enfer même se fût entr'ouvert; tant on voyait déborder le torrent d'impiétés et de révolution qui en dévastait tous les états. Pendant quarante ans, Ignace resta abattu, réduit au silence, non de la mort, mais du sommeil. Non, il n'était pas mort: la chaîne précieuse de ses jours n'était pas entièrement rompue; quelques anneaux d'or en subsistaient encore, quelques vieillards avaient survécu et gardaient toujours comme un trésor les grandes traditions de l'ordre, quand en 1814, Pie VII, que ses souffrances et ses vertus ont immortalisé, rendit à l'Eglise et au monde la grande Compagnie de Jésus. En entendant cette même et puissante voix, qui lui avait commandé de mourir, Ignace se releva du milieu des morts, et redoublant de vigueur, toujours animé du même esprit, conservant intactes, grâce aux anciens membres de l'ordre les mêmes traditions saintes, il reprit sa vie habituelle de labeurs et de souffrances. De labeurs: jamais la Compagnie ne parut plus énergique et plus puissante que depuis son rétablissement; de souffrances: car jamais elle ne fut plus persécutée qu'à l'heure actuelle. Et pourtant quels vains efforts que ceux qui tendent à la détruire! Ce qui a été rappelé du tombeau ne meurt plus. Chaque ordre religieux dans l'Eglise représente quelque trait de la vie et du caractère de notre divin Sauveur. Sa contemplation et sa prière sont reproduites par St Benoît et St Bruno; les rigueurs de sa pauvreté évangélique par St François; les labeurs de sa prédication par St Dominique et ainsi des autres. Il y avait pourtant dans la vie du maître une phase qui n'avait pas été représentée jusqu'ici; c'était sa vie glorieuse après sa résurection d'entre les morts. C'est à Ignace et aux membres de sa Compagnie, qu'était réservé ce grand privilège. C'est le seul corps de l'Eglise qui soit mort, et qui ait ressuscité. Voilà la représentation de cette phase de la vie du divin Sauveur, dont l'Apôtre avait dit: *Le Christ ressuscité du tombeau ne meurt plus. La mort n'a plus de pouvoir sur lui!* Nous n'ignorons pas, sans doute, que les Jésuites, comme d'ailleurs tous les ordres religieux, vivent et existent dans l'Eglise en vertu de l'approbation et de la confirmation donnée par le Saint-siège; nous n'ignorons pas que le pouvoir qui les a créés, peut les détruire encore à n'importe quel moment; toutefois, dans les conditions mêmes de leur existence, comme ordre rappelé du sein de la mort, en vertu de la vie glorieuse du Sauveur ressuscité, vie qu'ils ont le privilège et l'honneur de représenter dans l'Eglise, nous pouvons conclure avec confiance qu'aucune main, ennemie de Dieu ou de son Eglise, si puissante soit-elle, ne pourra plus jamais abattre et détruire cette grande Compagnie. Les gentils peuvent frémir de rage; les peuples peuvent former de vains complots; les rois de la terre peuvent se réunir et les princes se coaliser contre le Seigneur et contre son Christ; mais Celui qui habite dans le ciel se rira d'eux, et le Seigneur fera tourner leurs desseins à leur confusion (*Ps. 2.*).

A. M. D. G.

www.ingramcontent.com/pod-product-compliance
Lightning Source LLC
Chambersburg PA
CBHW070706050426
42451CB00008B/519